QAD ...nah dran
Qualifizierungs- und
Arbeitsförderungsgesellschaft
Dresden mbH

Die Publikation erscheint mit freundlicher Unterstützung
der Qualifizierungs- und Arbeitsförderungsgesellschaft
Dresden mbH.

Volker Gawol   Peter Trappen

Der Goldene Rathausmann zu Dresden

Impressum

© DRESDEN BUCH
QF Quartier an der Frauenkirche
Neumarkt 1, 01067 Dresden
www.ddbuch.de

1. Auflage April 2008

Umschlaggestaltung:
Studio eljott, Lothar Jähnichen
Dornburg/Saale

Druck: Westermann Druck, Zwickau
Gedruckt auf alterungsbeständigem Papier
mit chlorfrei gebleichtem Zellstoff.

ISBN: 978-3-9812287-0-0

Inhaltsverzeichnis

Grußwort

Meine Geschichte mit dem Rathausmann

Als ich im Herbst 1991 zum ersten Mal den Rathausmann bewusst in den Blick nahm, hielt ich ihn für einen Herkules mit dem Attribut der Keule. Die Vorstellung, dessen Heldentaten auch tätiges Mitwirken in der öffentlichen Verwaltung zuzurechnen, hatte durchaus ihren Witz. Dabei hätte ich bei genauerem Hinsehen stutzig werden müssen: eine seltsame Kopfbekrönung und nichts von einem umgehängten Löwenfell! Die genaue Geschichte hörte ich erst später: also kein Herkules, sondern der Rathausmann und die Keule ein umgestülptes und üppig geleertes Füllhorn. Überhaupt ist der Rathausturm mit dem Burschen darauf eben doch höher als der Hausmannsturm am Schloss, sehr zum Missfallen des Hofes seinerzeit.

Die Freigebigkeit des Patrons versuchte ich dann im Sinne der Kulturförderung dem damaligen Finanzbürgermeister Dr. Josef Höß als Vorbild hinzustellen. Aber er parierte glänzend: ich könne doch sehen, das Füllhorn sei leer und der Mann nackt. Wie zu merken, bietet die Deutungsebene der Skulptur die Möglichkeit feinsinniger Dialektik.

Wie alle Dresdner war ich betrübt, als der alte Herr vom Turm heruntergeholt werden musste, weil ihm, was freilich eine schöne Aussicht war, eine Verjüngungskur angedeihen sollte. An den Anblick des seiner Zierrat beraubten Turmes konnte ich mich nicht

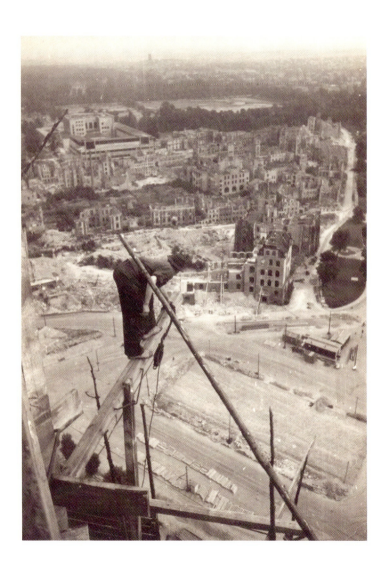

gewöhnen. Ein Trost nur, dass die Zeitungen regelmäßig von dem „Wellnessprogramm" des Athleten berichteten. Es stellte sich heraus, dass die Rekonvaleszenz lange andauern sollte. Auch zu Beginn des Jubiläumsjahres der Stadt war der Rathausmann noch nicht wieder zurückgekehrt. Die Fahnen am Turm, so groß sie waren, konnten das nicht wettmachen.

Aber dann, genau zur Mitte das Jahres, kam er doch und tausende Dresdner kamen auch. Sie sahen ihn liegend und wurden Zeugen, wie ihm eingelötete Zeitdokumente in seinen Hohlkörper mitgegeben wurden. Danach entschwebte er, fast sachte fliegend, um dann nach allen Regeln der Handwerkskunst eine Punktlandung auf seinem angestammten Platz hinzulegen.

An diesem Tag hatte ich noch eine Begegnung mit einem anderen Rathausmann. Dem Mann, der aus der Menge auf mich zukam, sah man sein Alter (es stellte sich heraus, er war 80 Jahre) nicht an. „Ich habe etwas für Ihr Museum", sagte er und zog ein Foto hervor. Das Bild zeigt einen Balken, herausgeschoben am Rathausturm noch unterhalb des Rathausmannes, aber in schwindelnder Höhe. Darauf balancierend ein junger Mann und im Hintergrund zerstört die Zinzendorfstraße, der Blüherpark und das Hygiene-Museum. Das Foto aus dem Jahre 1948 hat mich sehr bewegt. Es ging, man muss es hinzufügen, um eine jungendlich-leichtsinnige Wette. Aber dennoch oder gerade deshalb: Untergang und Hoffnung verbinden sich damit und vielleicht eine „Leichtigkeit des Seins". Der junge Mann übrigens trägt einen Hut. Üblich eigentlich, denn damals gab es keine Arbeitsschutzhelme, aber eine Kopfbedeckung war vorgeschrieben.

Diesem Rathausmann, Herrn Gottfried Richter aus Riesa, danke ich herzlich für seine Geschichte und seine Fotos. Ebenso sei Herrn Volker Gawol ein herzlicher, kollegialer Dank abgestattet. Er hat die Geschichte des „echten" Rathausmannes zu seiner eigenen gemacht.

Dr. Werner Barlmeyer
Intendant Stadtjubiläum 2006
Direktor Stadtmuseum Dresden

Das Neue Rathaus

Bereits 1888 wurde die Notwendigkeit zum Neubau eines Rathauses erkannt. Oberbürgermeister Dr. Stübel wies in einem Vortrag am 20. April 1888 darauf hin, dass die Zersplitterung der Verwaltung infolge Raummangels im alten Rathaus schon zu weit fortgeschritten sei. In dem Vortrag heißt es dazu weiter:

„Ich kenne keine deutsche Stadt von gleicher Größe, die in der fraglichen Hinsicht so bescheiden ausgestattet ist wie unser Dresden; für die Rathäuser in den außerdeutschen Städten Europas hat man von Alters her noch weit größere Ansprüche erhoben und vielfach in glänzender Weise befriedigt. Äußerlich möge man den neuen Bau tunlichst einfach gestalten und in dieser Absicht durch die mit allerlei Zierat überladenen benachbarten Neubauten sich nicht beirren lassen; eines zugleich symbolischen Schmuckes aber wird das neue Rathaus meines Erachtens nicht entbehren dürfen, nämlich eines weithin sichtbaren Turmes, für den ich an der Ecke Ring- und Gewandhausstraße den geeignetsten Platz finde."

Unter ihm konnte ein Rathausneubau noch nicht verwirklicht werden. Allerdings begann man sofort mit dem Ankauf der Grundstücke.

Oberbürgermeister Beutler führte 1895 die Pläne Dr. Stübels durch den Ankauf weiterer Grundstücke fort. Unter seinem Vorsitz formierte sich 1899 ein gemischter Ausschuss (je 6 Stadträte und Stadtverordnete) zur Feststellung des Bauprogramms und der Ausschreibungsbedingungen.

Baugrube

Oberbürgermeister Beutler

Am 12. April lag ein erster Bericht des Ausschusses unter Hinzu-
ziehung des Stadtbaurates Bräter über das Bauprogramm vor.
Infolgedessen wurde durch die Stadtverordneten am 7. Dezember
in geheimer Sitzung beschlossen, weitere Grundstücke für den
Rathausneubau anzukaufen.
Bereits im Juni begann ein erster Wettbewerb zur Erlangung von
Skizzen für das neue Rathaus. 80 deutsche Architekten beteiligten
sich daran. Unter Zugrundelegung des gesamten Baublockes zwi-
schen Kreuzstraße, Gewandhausstraße, Friedrichsallee und Wall-
straße wurde Mitte Dezember 1902 beschlossen, einen zweiten
Wettbewerb durchzuführen, welcher Anfang des darauf folgenden
Jahres begann. Bis Ende Juni gingen 94 fertige Entwürfe ein, von
denen vier preisgekrönt wurden.
Im November 1903 reichten der Architekt Karl Roth und der
Stadtbaurat Bräter auf Anforderung des Oberbürgermeisters einen
gemeinsam ausgearbeiteten Vorentwurf und einen Kostenvoran-

schlag ein. Der vollständig versammelte Rat verabschiedete im Februar 1904 die Planungen des Roth- und Bräterschen Vorentwurfs mit einigen vereinbarten Änderungen. Am 13. Mai traten die Stadtverordneten sämtlichen Beschlüssen bei. Allerdings verlangten sie, dass mit Inkrafttreten des Vertrages zwischen der Stadt und den Herren Roth und Bräter letzterer wegen eines möglichen Interessenkonflikts von seinem Amt zurücktrete. Weiterhin versuchten sie, den Rat zum Verzicht auf den Turm zu bewegen und den Turm durch einen Dachreiter zu ersetzen.

Drei Tage vor Silvester wurde in der Realschule an der Vizthumstraße ein Modell des Rathauses vorgestellt, welches insbesondere diese Frage klären sollte. Ein Ausschuss von Sachverständigen, dem die Preisrichter Geheimer Baurat Wallot, Geheimer Hofrat Weißbach, Baurat Hoffmann, Baurat Licht und Professor Gabriel von Seidl angehörten, kam zu der einstimmigen Meinung: *„… dass der Turm eine ästhetische Notwendigkeit für den Bau sei."*

Der Dresdner Anzeiger schrieb damals dazu:

„Wird der Turm gestrichen, so haben wir kein rechtes Rathaus mehr, sondern eine schlichte Gruppe nebeneinandergestellter städtischer Verwaltungsgebäude; besonders von der Südostseite her würde man den Eindruck zweier vollständig getrennter Bauwerke haben. Auf ein solches turmloses Rathaus, dem die Einheit fehlte, hätten wir keinen Grund stolz zu sein, es würde weit zurückstehen hinter dem stattlichen Rathaus unserer Schwesterstadt Leipzig, und eine spätere Zeit würde sagen, das Dresdner Rathaus sei das Denkmal einer Zeit, wo eine vorübergehende Depression die Bürgerschaft zu einer kleinlichen Tat geführt habe."

Erleichtert wurde die Zustimmung der städtischen Behörden durch die Entscheidung der Dr. Güntzschen Stiftung, den Rathausbau mit einem Zuschuss von 600.000 Mark zu fördern.

Am 7. März 1905 beschloss der Rat, gemäß den Vorschlägen des Rathausbauausschusses die Ausführung des Rathausbaus nach den vorliegenden Plänen und die dafür notwendige Bausumme von 7.500.000 Mark. Diesem Beschluss traten am 20. April (1905) die Stadtverordneten bei. Allerdings verlangten sie, den Zuschuss der Dr. Güntzschen Stiftung *„zur künstlerischen Ausschmückung des Rathauses"*, und nicht nur ausschließlich für den Turmbau, zu verwenden.

Am 29. September kam es dann zur feierlichen Grundsteinlegung. Anlässlich dieses Ereignisses wurden 1.000 Mark zur Auszahlung eines Extralohnes an die Arbeiter beim Rathausbau sowie 4.000 Mark *„zur Verteilung an verschämte Arme"* bewilligt. Beutlers Festrede gipfelte in einem Spruch, der für das Neue Rathaus vor allem Geltung haben sollte:

Salus publica suprema lex – Das Wohl des Volkes ist oberstes Gesetz.

Grundsteinlegung

Bereits 3 Wochen vor der Grundsteinlegung begannen die Gründungsarbeiten des Turmfundamentes. Eine vier Meter starke Betonplatte wurde gegossen, auf der der Turm ruhen sollte. Am 29. Januar 1906 begannen die Maurerarbeiten am Turm und einen Tag später wurden die ersten Sandsteine für den Turm geliefert. Am 19. Februar begann am Turm die Aufstellung des Gerüstes und bereits bis Ende April des gleichen Jahres waren die Maurerarbeiten am Turm bis zum Säulengeschoss vorangekommen. Am 21. November 1907 wurde die Eisenkonstruktion für den Turmhelm aufgestellt. Am 12. April 1908 brachte man den Goldenen Rathausmann auf den Turm und am 16. April wurde er durch das Abrüsten am Turm frei sichtbar.

Turmgerüst

Folgende Zahlen veranschaulichen das imposante Bauwerk des Neuen Rathauses (Quelle: Gedenkschrift zur Einweihung des neuen Rathauses zu Dresden 1910):

Umfang:	467 m
Bebaute Fläche:	9.255 m², davon 255 m² Turmfläche
Umbauter Raum:	226.000 m³ für die Gebäude
	19.660 m³ für den Turm
Länge der Flure:	2.900 m

Fenster und Türen an den Schauseiten: 1.500
Höhe der Dachfirste: zwischen 30 m und 37 m

Höhe der Geschosse:	Erdgeschoss:	4,50 m
	1. Obergeschoss:	4,00 m
	2. Obergeschoss:	5,00 m
	3. Obergeschoss:	4,80 m
	4. Obergeschoss:	4,00 m

Die Bauarbeiten wurden in 388 Losen an 335 Firmen, mit ganz wenigen Ausnahmen an Dresdner Firmen, vergeben.

Baustelle in Richtung Osten

Baustelle in Richtung Westen

Die Einweihung des Neuen Rathauses

Der Goldene Rathausmann

Am 12. April 1907 beschloss der Rathausbauausschuss unter Vorsitz des Oberbürgermeisters Beutler, dem Bildhauer Guhr den Auftrag für *„die Ausführung des Modells der Helmfigur"* zu einem Preis von 4.000 Mark zu erteilen.

Richard Guhr

Richard Guhr, geboren am 30. September 1873 in Schwerin, war zu dieser Zeit Lehrer an der Königlichen Kunstgewerbeschule in Dresden. Zu seinen Schülern gehörte zum Beispiel Otto Dix, der an dieser Schule zwischen 1910 und 1914 studierte. Obwohl Guhr vor allem Erfolge in der plastischen Kunst erreichte, hinterließ er auch ein umfangreiches zeichnerisches Werk. Sowohl für zeichnerische Arbeiten, als auch für plastische Projekte stand ihm an der Kunstgewerbeschule Ewald Redam als Modell zur Verfügung.

Redam, als Sohn eines Steinmetzen am 29.April 1884 in Beiersdorf geboren, betätigte sich nach dem Umzug der Familie nach Dresden im Kraftsportverein Dresden-Plauen. 1907 wurde Redam Sachsenmeister im Schwergewicht und Achtkampf und belegte vordere Plätze im Ringen und Kugelstoßen. Für die geplante Turmhelmfigur des Rathauses, die den Herkules darstellen sollte, war Redam mit seiner athletischen Figur das ideale Modell.

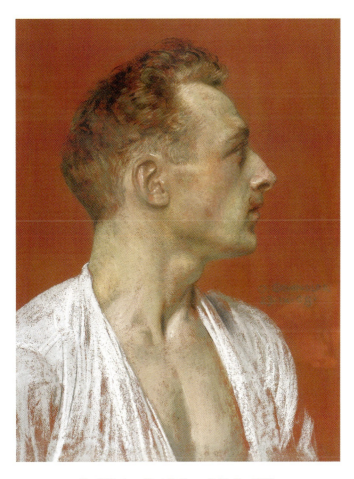

Ewald Redam (Pastell, Osmar Schindler 1908)

Professor Guhr fertigte das Modell der Turmfigur zunächst aus 2.300 kg Gipsmasse. Dazu bediente er sich der Elfenbein- und Gipsfiguren-Fabrik des Italieners Raffael Pellicci. Im August 1907 erging an die Firma Friedrich Hermann Beeg der Auftrag, nach dem Gipsmodell aus 1,5 mm starkem Kupferblech eine Figur zu fertigen. Aus 18 Teilen zusammengesetzt, wurde die Figur Ende Februar 1908 der Öffentlichkeit vorgestellt, wo sie außer der Königsfamilie von Tausenden Dresdnern bewundert werden konnte.

Richard Guhr mit dem Gipsmodell

Holzlehre

Fertigstellung der Einzelteile

Löt- und Treibarbeiten

Ausführung:
Entwurf von Professor Richard Gühn
Künstlerhof von Hermann Berg
Vergoldung von Inhaber Jul. Schultz
Goldlegierung von Ferdinand Müller.
Dresden 1908.

Fertig für den Turmhub

Nachdem die Figur im Anschluss vom Königlichen Hofmaler Julius Schultz mit Blattgold veredelt wurde, trat sie am 12. April ihren abenteuerlichen Weg auf die Turmspitze an, also auf den Tag genau ein Jahr nach dem Beschluss zur Auftragserteilung an Guhr. Das Heben der Figur auf den 95 Meter hohen Rathausturm war eine technische Meisterleistung, wenn man bedenkt, dass 1.750 kg Masse allein mit Flaschenzügen bewegt werden mussten.

Aufgrund der Tatsache, dass das städtische Hochbauamt am 13. Februar 1945 völlig zerstört wurde und alle Bauunterlagen den Flammen zum Opfer fielen, ist es sehr schwierig, die technologischen Vorgänge der Turmmontage nachzuvollziehen. Leider konnten bisher auch keine Bilder gefunden werden. Wir können uns lediglich auf Zeitungsberichte aus der damaligen Zeit verlassen.

Die Dresdner Nachrichten schrieben dazu am 9. April 1908:

„Der Aufzug des Riesen, zu dem 18 Zentner Kupfer Verwendung gefunden haben, wird im Innern des Turmes vor sich gehen. Ein Flaschenzug soll ihn bis zur Höhe des Sandstein-Turmmauerwerkes (rund 80 Meter) befördern. Zu diesem Zweck ist er in drei Teile zerlegt worden. Der Kopf und der ausgestreckte Arm werden dem Körper erst an Ort und Stelle angefügt. Die schwierigste Arbeit bleibt bei dem Austritt der Figur aus der Turmhaube auf die Gerüste erst zu bewältigen übrig. Sie muß dann von außen her auf die Haube gesetzt und befestigt werden."

Fünf Tage später las man in der gleichen Zeitung:

„Der Aufzug des Kunstwerkes wurde durch Winden bewirkt, die in der ersten Etage und unterhalb der Haubenkonstruktion Aufstellung gefunden hatten. Bereits am Sonnabend konnten die Aufzugsarbeiten als in der Hauptsache vollendet gelten. Wenige Meter trennten nur noch den durch das Sparrenwerk des Turmes hervorlugenden Koloß von der Spitze. Montag Vormittag wurde die letzte Hand angelegt und die Figur auf ihren Platz gestellt, den sie hoffentlich dauernd behaupten wird. Die Arbeiten zu ihrer Befestigung und die Nachvergoldung der durch den Aufzug beschädigten Stellen, sowie Vernietung des Kopfes und des Armes werden noch mehrere Tage in Anspruch nehmen."

Nach dem Zweiten Weltkrieg

Die Zeiger der Rathausuhr blieben am 14. Februar 1945 um 2:30 Uhr stehen, als unter dem Goldenen Rathausmann die ganze Stadt Dresden in Trümmern versank. Wie ein Symbol der Hoffnung blieb der Rathausmann, durchbohrt von Splittern, auf dem ausgebrannten Turm stehen.

Unter dem Architekten und Baurat Bruno Höppner begann 1948 der Wiederaufbau des Rathauses. Aus dieser Zeit gibt es eine Anekdote um den Goldenen Rathausmann:

So wenige Jahre nach der Naziherrschaft rissen Symbole aus dieser Zeit die gerade heilenden Wunden der Menschen wieder auf. Insbesondere die russischen Soldaten verstanden die Geste des Rathausmannes mit seinem ausgestreckten Arm als den faschistischen Gruß des Hitlerregimes und es gab nicht Wenige, die diese Figur vom Rathausturm entfernen wollten. Oberbauleiter Bruno Höppner meldete sich bei der sowjetischen Stadtkommandantur an und erklärte dem verantwortlichen Offizier, dass der Bildhauer Guhr den Schutzgeist der Stadt dargestellt hätte, der aus seinem Füllhorn den Segen über der Stadt ausstreue. Daraufhin entschied der russische Offizier: „Golden Muschik bleibt!".

Untersuchungen zur Statik des Rathausmannes

Nachdem im Rahmen des Stadtfestes im August 2003 ein Feuerwerk von der Aussichtsplattform des Rathausturmes abgebrannt wurde, mehrten sich Anfragen an die Verwaltung zum Zustand des Rathausmannes. Man vermutete, dass der Rathausmann durch Feuerwerkskörper beschädigt wurde. Außerdem kamen Zweifel an der Standfestigkeit der goldenen Figur auf. Diese Hinweise veranlassten das Liegenschaftsamt, das Hochbauamt zu beauftragen, den Rathausmann einer ersten Begutachtung zu unterziehen.

Ende Oktober erstieg Günther Steimann, Chef der Firma Baureparaturen mit Alpintechnik, die Rathausturmkuppel von innen, um die Tragkonstruktion des Rathausmannes zu begutachten. Dabei wurden die Befestigung der Turmfigur am Stahltragwerk der Kuppel und der Zustand der Tragkonstruktion im Füllhorn des Rathausmannes geprüft und dokumentiert. Das Innere des Rathausmannes war unter der Turmhaube nicht sichtbar und konnte demzufolge nicht geprüft werden.

Im März 2004 bekam der Rathausmann erstmals seit seiner Restaurierung vor 41 Jahren wieder Besuch. Steimann stieg mit seinem Sohn Uwe von außen zum Rathausmann empor, um seinen Zustand genauer untersuchen zu können. Mit einem Endoskop verschaffte er sich einen ersten Eindruck vom Hauptträger, der vom Kopf durch das rechte Bein und die Halbkugel geht und auf der Plattform in der Turmhaube verschraubt ist. Bereits dort wurde festgestellt, dass das Innere des Beines durchfeuchtet war und die Nässe zu Korrosion und Querschnittsverringerung geführt hat.

Endoskopische Untersuchung

Um das ganze Ausmaß der Schäden am Hauptträger zu ermitteln, wurde eine weitere Außenbesteigung notwendig. So schnitt man Ende Mai eine quadratische Öffnung in die Kupferhaut des rechten Beines und maß den Restquerschnitt des Trägers. Es stellte sich eine Querschnittsschwächung von ca. 15 % heraus. Die Innen- und Außenbesichtigungen ergaben, dass die Stahlringe, auf die die Kupferhaut aufgenietet wurde, in sehr schlechtem Zustand waren und Querschnittsschwächungen teilweise von ca. 30 % aufwiesen. Ein Ring war vollständig aufgerostet.

Der Hauptträger

Im Ergebnis der Untersuchungen kamen die Spezialisten zu einer beunruhigenden Diagnose: Bei bestimmten Windrichtungen aus Süd oder Nord werden die zulässigen Spannungswerte der Tragkonstruktion um rund 250 % überschritten, was nichts anderes heißt, als dass der Goldene Rathausmann droht, vom Turm zu stürzen. Das Gutachten endete mit: *„Um Gefahren für Passanten und das Bauwerk des Rathauses auszuschließen, sollte die Kuppelfigur abgenommen und saniert werden."*

Bergung des Rathausmannes

Bereits am 13. August beginnt, unbemerkt von den Dresdnern, die Bergung des Rathausmannes vom Turm. Günther Steimann, dessen Sohn Uwe und Mitarbeiter der Firma besteigen erneut das Kuppelinnere des Rathausturmes und bauen einen Arbeitszugang zur Kuppelplattform, auf der der Standfuß des Hauptträgers der Figur fixiert ist.

Uwe Steimann beim Ersteigen der Turmhaube

Gerüst der Turmhaube mit Plattform des Rathausmannes

Die Experten diskutieren die Anschlagpunkte für den Kran, legen die Trennstellen an den Verstrebungen fest, die den Hauptträger statisch unterstützen und entwickeln eine Technologie für die Anschlaghilfsmittel und die Demontage. Weiterhin werden die Maße der Turmöffnung genommen und die provisorische Kuppelabdeckung entworfen, die nach der Bergung des Rathausmannes den Turm sicher und wetterfest verschließen soll.

Am 19.August beginnt die „Phase 2" der Vorbereitung für die Bergung. An der Außenseite der Turmkuppel wird mittels einer Strickleiter und mehreren Seilen der Zugang zur Turmfigur gebaut. Die Blechverkleidung zwischen Turm und Halbkugel wird geöffnet, damit die Anschlagmittel des Kranes an den Verstrebungen der Figur befestigt werden können. Man öffnet die Schraubverbindungen zwischen Turm und Figur, um Überraschungen bei der Demontage zu vermeiden und schließt sie wieder provisorisch. Die fertig vorbereiteten Anschlagmittel werden an den vier Verstrebungen der Figur montiert.

Am nächsten Tag ist es dann so weit. Bei regnerischem Wetter wird ab 6 Uhr der Kran mit einer Hakenhöhe von 115 Metern montiert. Das Hilfsdach liegt bereit, um nach der Bergung der Figur die Kuppelöffnung zu verschließen. Probleme und Unwägbarkeiten gibt es genug, um alle Beteiligten unter höchste Anspannung zu versetzen. Das Wetter legt den Zeitablauf fest. Weder Regen noch starker Wind dürfen die Bergung beeinträchtigen. Ein großes Problem ist die Figur selbst. Niemand konnte vorher ermitteln, wo der Schwerpunkt der Figur liegt. Aufgrund der kleinen Turmöffnung muss die Figur senkrecht aus dem Turm gehoben werden. Aus gleichem Grund müssen die Verstrebungen, die dem Hauptträger und damit der ganzen Figur die seitliche Stabilität geben, gekappt werden. Jeder weiß, dass es nach dem Durchsägen der Verstrebungen kein Zurück mehr gibt. Das heißt, man hat nur einen Versuch und die Figur muss dann vom Turm. Günther Steimann und sein Sohn legen zusammen mit dem Verantwortlichen der Firma Kranlogistik Sachsen Uwe Schmidt fest, wie die Seile an der Figur fixiert werden. Ihr Können und ihre Erfahrung sind gefragt, damit die Figur nach dem Lösen der Verstrebungen und der Bodenschrauben auch tatsächlich senkrecht angehoben werden kann. Problematisch ist darüber hinaus, die empfindliche Kupferhaut des Riesen möglichst unbeschädigt zu lassen. Die Gurte müssen so fixiert werden, dass die 1,5 mm-Kupferhaut keinem starken Druck ausgesetzt wird.

Uwe Steimann fixiert die Gurte

Auf der Turmhaube mit dabei ist auch die Journalistin und Alpinistin Bettina Wobst. Sie begleitet das spannende Unternehmen mit einer Video- und mit einer Digitalkamera. Es entstehen einmalige Filmaufnahmen und Bilder vom Goldenen Rathausmann bei seiner Luftfahrt.

Kamerafrau Bettina Wobst

Gegen 13 Uhr hebt der Kran vorsichtig an. Die Figur steht frei, die Verstrebungen sind gekappt und es gibt kein Zurück mehr.

Uwe Schmidt (rechts) und Uwe Steimann sind erleichtert

Fast einhundert Jahre stand der Rathausmann auf dieser Plattform

Mittlerweile haben sich hunderte Schaulustige an der Goldenen Pforte des Rathauses eingefunden, um diesem historischen Ereignis beizuwohnen. Alle wollen ihren Rathausmann am Boden begrüßen. Jubel und Beifall begleiten dann auch das langsame Emporsteigen der Figur. Perfekt und wie geplant senkrecht hängt die Figur am Kranhaken und gleitet langsam aus der Turmhaube. Dies ist auch der Moment, als die Figur zum ersten Mal nach ihrer Entstehung nachgewogen werden kann. Dem Kranführer wird die Last am Haken exakt angezeigt und so bestätigt sich, dass der Koloss mit Verstrebungen ca. 1.750 kg auf die Waage bringt.

Die Luftfahrt hat begonnen

Das Wetter meint es gut mit dem Rathausmann und den Fachleuten. Der Regen hat sich verzogen, der Wind ist „im grünen Bereich" und so senkt sich der Goldene Rathausmann ruhig dem Boden zu. Dabei dreht er sich sanft um die Längsachse und es sieht so aus, als würde er die ganze Stadt grüßen wollen.

Senkrecht schwebt der Riese zum Boden,
grüßt die Stadt …

… und die Dresdner.

Vor der Goldenen Pforte steht ein zweiter kleinerer Kran bereit, der zusammen mit dem großen Kran die Figur waagerecht auf zwei vorbereiteten Palettenstapeln ablegen soll. Nach dem Anheben der Figur im Turm ist dies der zweite äußerst kritische Moment. Auch die Fachleute kennen nicht den Gesamtzustand des Stützgerüstes und es besteht die Gefahr, dass die Figur beim Waagerechtlegen auseinander bricht. Die Figur muss dabei gegen Drehen gesichert werden, da der ausgestreckte rechte Arm den Schwerpunkt der Figur in waagerechter Lage nach außen verlagert.

Beginn des Waagerechtlegens

Allen ist die Erleichterung anzusehen, als die Figur auf den vorbereiteten Palettenstapeln ruht und Günther Steimann und seine Mitarbeiter den Rathausmann von seinen Gurten befreien können. Der Beifall der zahlreichen Zuschauer entschädigt die Fachleute für den harten Einsatz in den letzten Stunden.

Der Rathausmann wird von seinen Fesseln befreit

Links die provisorische Turmabdeckung

Die Schatullen

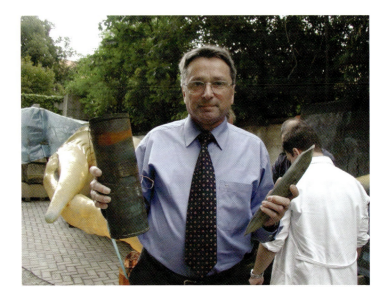

Kupfer- und Bleischatulle

Die Kupferschatulle

Nach der Einlagerung des Goldenen Rathausmannes im Lapidarium der Stadt Dresden wurde bereits bei einer ersten Untersuchung
durch den Restaurator Michael Gräf im Körper der Figur eine
Kupferschatulle gefunden. Weiterhin fand man ein etwa 30 cm
langes Bleirohr, welches an beiden Enden zusammengepresst und
verlötet war. Ob dieses Rohr irgendwelche Gegenstände beinhalte-
te oder ob es sich nur um ein Ausgleichsgewicht handelte, konnte
zunächst nicht geklärt werden. Nach der Bergung wurden Kupferkassette und Bleirohr dem Stadtarchiv übergeben.

Am 04. Oktober wurden der Oberbürgermeister Ingolf Roßberg,
Journalisten und Gäste in das Stadtarchiv gebeten, um die Öffnung
der Kupferkassette mitzuerleben. Aufgrund der Tatsache, dass die
Kupferkassette den Feuersturm bei der Zerstörung des Rathausturmes 1945 aushalten musste, wurden die Erwartungen an den
Zustand der Dokumente nicht hoch eingeschätzt. Umso überrasch-
ter waren alle Anwesenden, als der Oberbürgermeister nahezu
unbeschädigte Dokumente aus der Schatulle herauszog.

Dokumente aus der Kupferschatulle

Folgende Zeitdokumente waren in der Kupferschatulle verwahrt:

- Schreiben vom 14. April 1908 über den Bau des Rathausmannes und die beteiligten Arbeitskräfte; ein leeres Briefformular A4 und eine leere Visitenkarte (in der Größe einer Postkarte); je eine Visitenkarte vom Firmeninhaber (Richard Beeg) und vom Prokuristen (Franz Ringel); Briefumschlag mit 4 Münzen: 1 Pfennig, 5 Pfennig, 10 Pfennig, 1 Mark [alles von der Firma F. Hermann Beeg hinterlegt].
- Dresdner Anzeiger vom 14. und 15. April 1908;
- eine Visitenkarte „Max Hübner - Ingenieur";
- eine Lieferbescheinigung von 6 Blechen;
- vier Fotografien vom Zusammenbau des Rathausmannes und eine Fotografie von Albert Felgner (Fotograf - Carl Dittrich);
- zwei Postkarten „Turmfigur des neuen Rathauses - Rathausmann" und eine der Firma C. G. Tietzen`s Eidam / Bautzen, König-Albert-Werk;
- Briefmarken: 3 x 3 Pfennig, 8 x 5 Pfennig, 8 x 10 Pfennig (Deutsches Reich); 2 x 10 Pfennig (Bayern), 1 x 10 Heller (Österreich), 1 x 4 Cent (Luxemburg);

- je eine Siegelmarke: vom Rat der Stadt Riesa, von der Königlichen Bade-Direction Bad Elster und der Landesversicherungsanstalt Heilstätte Hohwald (Königreich Sachsen).

Einen bemerkenswerten Einblick in den damaligen Produktionsablauf gibt das ebenfalls in der Schatulle gefundene Schreiben der Fa. F. Hermann Beeg vom 14.04.1908:

Dresden-A., am 14. April 1908

Die Turmfigur, in welcher diese Urkunde aufbewahrt liegt, ist als Bekrönung des Hauptturmes des Rathauses der Stadt Dresden angefertigt worden.
Dieselbe, ein unbekleideter Riese mit der Mauerkrone auf dem bärtigen Haupte, hält in der linken Hand ein Füllhorn und erhebt seine Rechte segnend über der Stadt.
Die Figur ist 5,10 m hoch und wurde aus 1 ½ mm starkem Kupferblech getrieben, die Ausführung erfolgte in der Fabrik von

F. Hermann Beeg, Dresden-Altstadt

Falkenstraße 26 - Fernsprecher No. 461,

Bauklempnerei, Metallornamentenfabrik, Werkstätten für Kupfertreibarbeiten und Installationsgeschäft.
Es wurde hierzu ein gleichgroßes Gipsmodell, welches von Herrn Professor Richard Guhr, Kunstmaler und Lehrer an der Königlichen Kunstgewerbeschule in Dresden entworfen und angefertigt war, von der Stadt zur Verfügung gestellt. Zur Aufstellung des Modelles und zur Anfertigung der Figur musste ein besonderer Schuppenbau errichtet werden. Nachdem verschiedene Unternehmer am 22. Juli 1907 ihre Preisangebote über Herstellung der Figur abgegeben hatten, erhielt die Firma F. Hermann Beeg den Auftrag durch schriftlichen Vertrag vom 6.8.1907.
Anfang September 1907 war das Modell in den Werkstätten Falkenstrasse 26 aufgestellt und wurde sofort mit den Arbeiten begonnen. An dem Modell wurden Felder, wie sich die Bearbeitung am passendsten ergab, eingeteilt, alsdann Schablonen oder Lehren aus Zinkblech gefertigt, welche ein genaues Vergleichen der Ausführung mit dem Modell ermöglichten. Ferner wurden am Modell Tonabdrücke genommen, nach denselben Bleimatrizen gegossen, über welchen die Kupferbleche vorgetrieben wurden. Die ganze Figur besteht aus 18 Teilen, welche zusammen genietet und hart gelötet sind.
Am 22. Februar 1908 war die Figur fertig gestellt und wurde in der Fabrik Falkenstraße 26 am gleichen und folgenden Tage von Herrn Oberbürgermeister Geheimen Finanzrat a. D. Beutler sowie den Herren Stadträten und Stadtverordneten in Augenschein genommen.

Am Montag, den 24. Februar 1908 besichtigte S. Majestät, der König Friedrich August von Sachsen, sowie am 25. Februar Ihre Königlichen Hoheiten der Prinz und die Prinzessin Johann Georg von Sachsen die Figur. Dieselbe war alsdann eine Woche öffentlich ausgestellt und wurde von vielen Tausenden Personen in Augenschein genommen, wobei allseitig Lob und Anerkennung über die gelungene Ausführung ausgesprochen wurde.

Nachdem die Figur von Herrn Hofmaler Julius Schultz in Dresden mit echtem Ducatengold (Blatt-Gold) vergoldet worden war, wurde selbige nach dem Rathaus-Bau transportiert und in der Zeit vom 9. bis mit 15. April 1908 aufgezogen, aufgestellt und befestigt. Der Transport und Aufzug erfolgte in einem Stück, nur Kopf und rechten Arm hatte man abgenommen und erst oben befestigt.

Das Gesamt-Gewicht der Figur betrug mit der inneren Eisenkonstruktion 1750 kg, das Gewicht des Kupfers 380 kg. Das Kupferblech stammt aus dem König-Albert-Werk - E. G. Tietzen´s Eidam in Bautzen, die innere Eisenkonstruktion von der Dresdner Fabrik für Eisenhochbau Wilhelm Schöneis in Dresden.

Der Preis für Kupferblech betrug bei der Veranschlagung M 240,- bei der Vollendung M 154,- pro 100 kg (nachdem derselbe am 5.3.07 den höchsten bisher bekannten Stand von M 270,- pro 100 kg gehabt hatte).

Die Arbeitslöhne betrugen für Klempner 50 bis 52 Pfennige pro Stunde, die tägliche Arbeitszeit 9 Stunden. Außerdem wurde den beiden Klempnern Strohbach und Kuhlmann ein Zuschlag von 10 Pfennige pro Stunde gewährt.

In der Hauptsache haben an der Figur gearbeitet:

Herr Georg Strohbach, Klempner, geb. 7.3.1868 in Löbau,
* „   Hermann Kuhlmann,   „   , „   7.2.1861 in Bückeburg,*
* „   Wilhelm Beier,   „   , „   11.2.1888 in Poselwitz,*
* „   Josef Kühnel, Schlosser   , „   25.11.1863 in Dresden,*
* „   Benno Franze, Arbeiter   , „   6.4.1883 in Pieschen,*
* „   Karl Galke,   „   , „   22.6.1879 in Märzdorf.*

Die ausführende Firma F. Hermann Beeg war von dem am 21. Februar 1905 verstorbenen Klempnermeister Friedrich Hermann Beeg am 4. Juni 1873 gegründet worden.

Zur Zeit dieser Ausführung war Inhaber der Firma:

*   Herr Friedrich Hermann Richard Beeg, geb. den 8. Oktober 1877, Ingenieur und seine beiden nach Riga in Russland verheirateten Schwestern Elisabeth und Käte. Die Firma beschäftigte zur Zeit 65 Gehilfen und Arbeiter.*

Die Beamten waren:

Herr Werkmeister Albert Felgner, geb. 11. 3.1852 in Siebenlehn,
* „   Prokurist Franz Ringel,   „   9.12.1875 „ Leuteritz,*
* „   Ingenieur Max Hübner,   „   2. 7.1881 „ Bayreuth,*

„ *Kontorist Arno Mehlhorn,* „ *2. 4.1875* „ *Glauchau,*
„ *Lagerist Georg Lehns,* „ *4. .7.1881* „ *Dresden,*
„ *Techniker Paul Fröde,* „ *12.6.1887* „ *Niederneukirch*
„ *Kontorist Fritz Schreiber,* *geb. 20.7.1889 in Döbeln,*
Maschinenschreiberin Fräul. Selma Göhler, geb. 4.6.1891 in Nar-
leis. "

Die Bleischatulle

Das Bleirohr sollte, bevor es geöffnet wurde, speziell untersucht
werden. Durch den Projektleiter des Liegenschaftsamtes wurde der
Kontakt zur Radiologischen Klinik des Universitätsklinikums
„Carl Gustav Carus" hergestellt. Der Leiter des Instituts für Radio-
logische Diagnostik, Prof. Laniado sagte sofort zu, seine hochmo-
derne Diagnosetechnik für den „Patienten Goldener Rathausmann"
zur Verfügung zu stellen. Sein Stellvertreter, Oberarzt Dr. Kittner
und der Physiker Dr. Hietschold sollten mit ihrer hochmodernen
Diagnosetechnik versuchen, hinter das Geheimnis der Bleikapsel
zu kommen. Im Beisein des Leiters des Stadtarchivs, Thomas
Kübler, und des Kameramannes Stefan Urlaß wurde am 20. Oktober versucht, in das Innere des Bleirohres zu schauen.

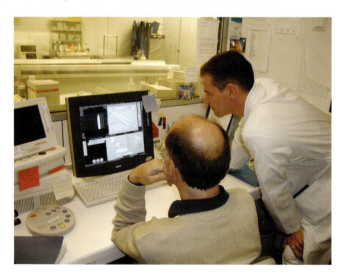

Oberarzt Dr. Kittner (rechts) und Physiker Dr. Hietschold
Auswertung am Monitor - Patient: Goldener Rathausmann

Weder die modernsten Magnet-Resonanz-Tomographen noch
hochleistungsfähige Röntgen-Diagnosegeräte konnten das Ge-

heimnis der Bleikassette lüften. So blieb den Beteiligten nichts anderes übrig, als auf die Öffnung des Rohres zu warten.

In Anwesenheit des Oberbürgermeisters, von Gästen und Medienvertretern wurde diesmal im Lapidarium das Bleirohr mit Säge und Zange geöffnet. Zur Überraschung aller Anwesenden barg dieses Bleirohr, wie auch schon die Kupferschatulle, Dokumente aus der Entstehungszeit des Rathausmannes. Es handelte sich offensichtlich um ein Behältnis, welches die am Bau beteiligten Arbeiter gefüllt und inoffiziell in der Figur verborgen hatten.

Dokumente aus der Bleischatulle

Folgende Dokumente kamen zum Vorschein:

- vier Zeitungen vom 11. April 1908: Der Zimmerer, Metallarbeiter Zeitung, Leben.Wissen.Kunst, Sächsische Zeitung;
- zwei 1-Pfennig-Münzen;
- zwei kleine Stundenzettel von Georg Stroh;
- ein Bogen Papier mit angeklebtem Foto (beteiligte Arbeiter Georg Strohbach und Hermann Kuhlmann) und abgeriebenen Münzen;
- zwei Fotos, eins mit Arbeitern der Firma Beeg mit Kopf, rechtem Arm des Rathausmannes sowie unterem Teil des Körpers und ein zweites mit Arbeitern der Firma Beeg mit Kopf und einem Ausführungsplakat.
Auf diesem war vermerkt, dass der Entwurf von Guhr stammt und dass die Kupferarbeit Hermann Beeg, die Vergoldung Hofmaler

Julius Schultz und die Goldlieferung Ferdinand Müller vornahmen.

Die Digitalisierung

Im Januar 2005 erhielt Oberbürgermeister Roßberg eine E-Mail der Technischen Universität Dresden. Frau Dr. Christine Schöne, Mitarbeiterin der Professur für Produktionstechnik, bot der Landeshauptstadt Dresden an, den Rathausmann mit modernster Computertechnik dreidimensional zu digitalisieren, um von der Figur ein detailgetreues virtuelles Modell zu erstellen. Es wurde zugesichert, dass diese Erfassung für die Landeshauptstadt Dresden kostenfrei erfolge.

Transport vom Lapidarium zur TU Dresden

Anfang März wurde der Kopf des Rathausmannes vom Lapidarium der Landeshauptstadt Dresden in den Zeunerbau der TU Dresden transportiert.

Steffen Schreiber - Anbringen der Referenzmarken

Frau Dr. Schöne und Dipl.-Ing. Steffen Schreiber beklebten den Kopf in willkürlichen Abständen mit mehr als 200 kleinen Referenzmarken. Es handelte sich dabei um selbstklebende Papiermarken, die leicht zu entfernen waren und die Oberfläche des Objektes nicht beeinträchtigten. Mit Hilfe eines Projektors wurden dann auf den Kopf unterschiedlich breite Streifen projiziert. Aus den Kanten dieser Streifen und aus den Referenzmarken errechneten zwei Kameras Höhenpunkte, die in einem Computer abgespeichert wurden. Aus den Einzelpunkten von 51 Aufnahmen der Kameras errechnete der Computer eine Punktewolke und verband die einzelnen benachbarten Punkte mit Linien, so dass dadurch ein absolut feingliedriges Modell des Kopfes entstand. Die Datenerfassung am Kopf dauerte ca. 90 Minuten.

Im unteren Bereich des Monitors - die beiden Bilder der Kameras
Im oberen Bereich - die bereits gescannten Ergebnisdaten

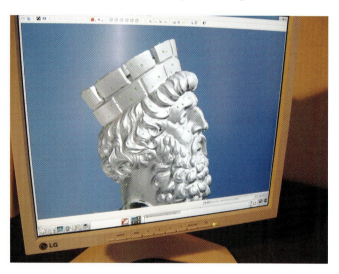

Das Computermodell mit eingeblendeten Referenzmarken

Das virtuelle Modell diente danach zunächst als Vorlage für einen sogenannten 3D-Drucker, der in vier Stunden aus Wachs ein dreidimensionales Modell formte. Dr.-Ing. Wolfgang Jetschny entwickelte als Mitarbeiter der Fakultät Maschinenwesen aus diesen Daten am Computer ein virtuelles Rotationsmodell des Kopfes.

Virtueller Kopf

Nach diesem erfolgreichen Test wurde die Digitalisierung des Körpers geplant. Da der Körper im Lapidarium unter freiem Himmel lag, war es notwendig, die Digitalisierung auf einen Tag zu legen, an dem eine geringe Niederschlagswahrscheinlichkeit herrschte. Zudem war es erforderlich, einen Tag ohne starken Sonnenschein abzuwarten. Denn bei hellem Tageslicht wären die Kameras nicht in der Lage gewesen, die Streifen auf der Figur zu erfassen.

Am Freitag, dem 20. Mai waren dann die Wetterbedingungen stabil. Allerdings gab es vollen Sonnenschein, so dass die eigentliche Datenerfassung erst in den Abendstunden beginnen konnte. Am Tag wurde zunächst der Körper mit ca. 600 Referenzmarken beklebt und besonders glänzende Stellen des Körpers mit einem Puderspray, einem sogenannten Helling-Spray, abgestumpft. Da an diesem Tag das Medieninteresse sehr groß war, hatten die Spezialisten genügend Zeit, die Fragen der Journalisten zu beantworten. Gleichzeitig konnte man ihnen das Arbeitsprinzip der Digitalisierung im Lapidarium an der rechten Hand des Rathausmannes vorführen, die sich bereits vor einigen Wochen vom Arm gelöst hatte, als die letzten Nieten ihren Dienst versagten.

Am Abend begann dann die Digitalisierung des Körpers. In über acht Stunden wurden 203 Messungen vorgenommen. Problematisch war dabei die Erfassung der Unterseite der Figur, da der Rathausmann im Rückenbereich und im Bereich der Halbkugel auf Paletten lag und das Gestell mit den Kameras und dem Projektor sehr schwierig zu positionieren war. Dennoch wurde die Digitalisierung ein voller Erfolg.

Dr. Christine Schöne (TU Dresden) und Jürgen Kühnel (Landeshauptstadt Dresden) beim Kleben der Referenzmarken

Digitalisierung in der Nacht vom 20. zum 21.05.2005

Aufgrund der Qualität der 3D-Daten wäre nun im Falle einer Zerstörung des Goldenen Rathausmannes eine komplette Rekonstruktion der Hülle der Figur möglich. Nach der Digitalisierung des Körpers wurden die Daten des Kopfes mit denen des Körpers im Computer abgeglichen und es entstand ein komplettes maßstabgetreues 3D-Modell der Turmfigur.

Virtuelles Modell

Ein pikantes Problem

Am 22.Juli 1998 richtete sich der damalige Zivildienstleistende, Matthias Unfried, eine ungewöhnliche Anfrage an das Presseamt der Landeshauptstadt Dresden. Sein Brief hatte folgenden Wortlaut:

„Sehr geehrte Damen und Herren,

mit diesem Schreiben hoffe ich, etwas genauere Angaben zum Rathausmann zu bekommen. Auskunft bekommt man ja nur sehr schwer und ich wurde an Ihr Amt verwiesen, um mehr über die Beschaffenheit des Rathausmannes zu erfahren. Konkret interessiert mich die Größe (Länge) des Penis, ob er im Maßstab gehalten / angefertigt wurde oder frei modelliert ist.

Und ob auch die Körpergröße / Proportion des Modells im Ver-hältnis dargestellt sind. Im Zuge der Sanierungs- und Rekonstruk-tions-maßnahmen ist es vielleicht möglich, dies in Erfahrung zu bringen. Ich sende Ihnen beiliegend einen Rückumschlag mit. Für Ihre Be-mühungen bedanke ich mich im Voraus.

Mit freundlichen Grüßen
Matthias Unfried"

Bereits zwei Tage später antwortete der damalige Pressesprecher des Oberbürgermeisters und Leiter des Presseamtes, Herr Dr. Ul-rich Höver folgendes:

"Sehr geehrter Herr Unfried,

ja, so eine Frage kann einen schon umtreiben. Wir verstehen Sie da schon. Es wäre weiß Gott etwas anderes, ginge es nicht um Herkules, den Schutzpatron der Stadt. Aber der Teufel steckt im Detail: Ihren zahlreichen Fragen und Überlegungen lassen sich weitere hinzufügen. Was bedeutet schon Länge? Wie steht es mit Umfang, Volumen und Gewicht? Wie mit der ästhetischen Aus-strahlung? Welche Bewertung ist anzusetzen in Bezug der techni-schen Daten auf die Potenz? Ist es überhaupt ratsam, solches bekannt zu geben? Leidet das Image dabei? Und, und, und ...
Unserer Meinung nach hängen die Antworten auf die vielen Fra-gen immer von der Fragestellerin oder dem Fragesteller ab. Des-halb geben wir Ihnen ein Beispiel auf die Beantwortung einer dieser Fragen, Ihrer Frage nach der Länge. Unsere Schätzung beläuft sich auf 9,1359 bis 53,1974 cm. Das heißt im oben erwähn-ten Sinne: Sie können die konkrete Beantwortung zwischen diesen Grenzwerten ansiedeln, je nach der die Frage stellenden Person. Bedenken Sie die Vorteile! So können Sie sich immer als kundig ausweisen und heimsen Sympathien. Doch werden Sie da wohl nicht stehen bleiben wollen. Es gibt noch vieles zu fragen und zu erforschen. Da lohnt es, Freizeit einzusetzen. Allein die schon erfassten Fragen unter dem politischen, soziologischen oder mess-technischen Blickwinkel zu untersuchen ...
Frisch ans Werk, Herr Unfried. Wir wünschen Ihnen Erfolg."

Für alle, die noch heute von dieser Frage umgetrieben werden, diese Restauratorinnen könnten die Frage beantworten:

Vergolderinnen Regina Lichtmaneker (links) und Jessica Ulrich

Die Ausstellung im Ratskeller

Im August 2005 sollte den Dresdnern im Rahmen einer Ausstellung die Gelegenheit gegeben werden, dem Goldenen Rathausmann ins Auge zu blicken oder sogar die Hand zu geben. Dazu sollten Kopf und rechte Hand des Rathausmannes aus nächster Nähe zu sehen sein und auch anfassen war ausdrücklich erlaubt. So wurde von den Technikern der Museen der Stadt Dresden ein sehr schönes Podest gebaut, dem zusammen mit Schautafeln, Exponaten und Computerpräsentationen im liebevoll restaurierten Ratskeller ein würdiger Rahmen verliehen wurde. Eine Praktikantin des Stadtarchivs, Annemarie Niering, recherchierte intensiv nach alten Dokumenten und Fakten, die bisher wenig oder nicht bekannt waren. Die Resonanz bei Dresdnern und Touristen war beeindruckend. So schrieb eine Besucherin in das Gästebuch:
„Nach dem Angriff am 13./14. Februar 45 war ich noch keine 5 Jahre alt, aber dass der Rathausmann auf dem Dach stand und uns alle weiter „behütet" hat, habe ich nicht vergessen. Danke, dass wir uns das Gesicht aus der Nähe ansehen durften - und ich

habe ihm die Hand gedrückt. Das konnten meine Mutti und meine Omi nicht."

Die Restaurierung

Nach einer Ausschreibung erhielt Mitte Oktober des gleichen Jahres die Firma Haber & Brandner Metallrestaurierung mit Sitz in Regensburg und Berlin den Zuschlag für die Restaurierung des Goldenen Rathausmannes.

Am 7. November heißt es Abschied nehmen. Der Rathausmann wird aus seinem Zwischenlager im Lapidarium auf den LKW gehoben und verlässt Dresden in Richtung Berlin. Es sollte acht Monate dauern, bis er wieder über die Elbbrücke in Richtung Rathaus fahren durfte.

In Berlin angekommen, wird die Figur einer ersten Sichtung unterzogen und alle sichtbaren Schäden dokumentiert. Der Leitende Metallrestaurator Peter Trappen wird in den nächsten Monaten ein weiteres Meisterwerk seiner Kunst abliefern. Dabei wird es einige Überraschungen geben, die all sein Können und seine Kreativität erfordern.

Die folgende Kurzdokumentation wird nahezu ungekürzt und mit Genehmigung der Firma Haber & Brandner wiedergegeben.

Kurzdokumentation der Firma Haber & Brandner

zur Restaurierung und Konservierung des Dresdner „Goldenen Rathausmannes":

Am 10. Oktober 2005 erhielten unsere Werkstätten den Auftrag zur Restaurierung des Rathausmannes. Am 7. November 2005 trat der Rathausmann seine Reise in die Werkstatt Haber & Brandner nach Berlin an, nachdem er bereits im Vorjahr am 20. August 2004 von der Firma Baualpin Steimann vom Dresdner Rathausturm geborgen worden war. In Berlin wurde zunächst sein Zustand umfangreich untersucht, dokumentiert und dann mit den Restaurierungsarbeiten begonnen.

Alle Entscheidungsprozesse wurden mit der Fachbauleitung und dem Landesamt für Denkmalpflege Sachsen Frau Dipl.-Rest. A. Michel erarbeitet.

Nachdem die Kupferhaut entfernt worden war, stellten die Statiker und Restauratoren im Januar 2006 fest, dass das alte Stützgerüst nicht mehr zu restaurieren war. Ein neues Stützgerüst aus Edelstahl musste konzipiert und gefertigt werden.

Die neue Statik und Innenkonstruktion wurde maßgeblich von Herrn Dipl.-Ing. V. Stoll vom Büro Jäger Ingenieure GmbH in Dresden entwickelt und von Dipl.-Ing. Helge Müller in Bernsdorf in Konstruktionspläne umgesetzt.

Die Firma Wilhelm Modersohn GmbH & Co.KG in Spenge bei Bielefeld fertigte das neue Edelstahlstützgerüst. Am 19. Mai 2006 wurde das ca. acht Meter lange und 1.356 Kilo schwere Stützgerüst nach Berlin in die Werkstatt geliefert.

Währenddessen arbeiteten die Berliner Restauratoren an den Kupferteilen. Die Kupferhaut wurde zerlegt und die Teile bearbeitet, Fehlstellen ergänzt und die Revisionsklappe im Rücken der Figur vorbereitet. Am 22. Mai 2006 wurde mit der Endmontage des Stützgerüstes und dem Zusammenfügen der Kupferteile begonnen. In den Kalenderwochen 24 und 25 erhielt der Rathausmann seine neue Beschichtung und die neue Vergoldung.

Endabnahmetermin am 20. Juni 2006. Transport nach Dresden am 26. Juni 2006. Aufstellung am 1. Juli 2006.

Details zur Oberflächenbehandlung / Vergoldung:

Die Befunduntersuchungen in der Werkstatt ergaben, dass die ursprüngliche Blattvergoldung 1908 auf Anlegeöl direkt auf die blanke Kupferhaut, ohne vorausgehende Grundierung, aufgebracht wurde. Die vorgefundene, stark verwitterte Vergoldung wurde bei der letzten Restaurierung 1963 auf einer Mennigegrundierung aufgebracht.

Mikroskopaufnahme der Kupferoberfläche. Zu unterst ist das oxidierte Kupfer zu sehen. Direkt darauf die erste Beschichtung mit Blattgold (Grüne Pfeile). Über dieser Goldschicht wurde ein Anstrich Bleimennige (Orange) und weitere Grundierungen für eine zweite Vergoldung aufgetragen.
Zu oberst ist an dieser ausgewählten Stelle eine Schicht aus Schmutz und Korrosionsprodukten zu erkennen (Rote Pfeile).

Die statische Berechnung, Neukonstruktion und Fertigung des Stützgerüstes stellten an alle Beteiligte höchste Anforderungen. Günstig war, dass die Technische Universität Dresden bereits im Mai 2005 die Hülle des Rathausmannes digital vermessen hatte. Mit einer nachträglichen digitalen Vermessung des Stützgerüstes waren die Ingenieure der Fakultät Maschinenwesen der Technischen Universität und die Statiker der Jäger Ingenieure GmbH zusammen mit dem Konstruktionsbüro Helge Müller in der Lage, das Stützgerüst am Computer virtuell nachzubilden und das neue Stützgerüst zu entwickeln. Damit konnte modernste Technologie mit historischen Arbeitstechniken verknüpft und in einer anspruchsvollen Restaurierungsarbeit realisiert werden.

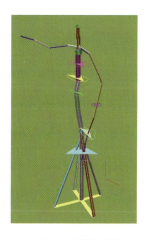
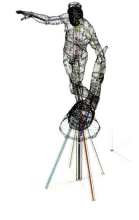

Tragprofil-Modell   Tragprofil mit Hülle

Restaurierungs- und Konservierungsmaßnahmen:

Demontage der Kupferhaut
Die Kupferblechteile wurden entlang der originalen Füge-
nähte geöffnet.

Ausrichten von Dellen und Beulen
Die über die Figur verteilten Dellen und Beulen wurden
zurückgeformt und der Oberfläche der Kupferhaut angeglichen.

Verschweißen und Hinterlegen der Bohrlöcher am unteren
Rand der Kugel
Große Risse und Haarrisse, deren Ursache die Ausdehnung
der rostenden Innenkonstruktion war, wurden neu ver-
schweißt bzw. hart verlötet und teils mit Kupferblech hin-
terlegt und so eine zusätzliche Verstärkung der Kupferhaut
erreicht.

Ausrichten und Löten von Einschuss- und Inspektionslö-
chern
Einschuss- und Inspektionslöcher wurden geschlossen. Die
mit den Löchern einhergehenden Deformierungen des Kupferbleches wurden zurückgeformt. Anschließend wurden
die offenen Stellen und die dazu entstandenen Risse im
Kupferblech hart verlötet und verputzt.

Einarbeitung von Randverstärkungen und Zargen

Um die Ränder der einzelnen Kupferblechteile zu verstärken, wurden Verstärkungen aus 2 mm starkem Kupferblech eingearbeitet. Das Blech wurde der Form der Kupferhaut angepasst, mit Nieten an den Rändern des Kupferbleches fixiert und damit hart verlötet.

Einarbeitung einer Montage- / Revisionsklappe am Rücken

Zur Erleichterung der Montage der Kupferbleche um die neue Edelstahl-Innenkonstruktion, für die Fixierung während des Transports zurück nach Dresden und zur späteren Inspektion des Traggerüsts auf dem Rathausturm wurde eine Montage-/Revisionsklappe am Rücken eingebaut.

Reinigung/Feinstrahlen der Kupferhaut (außen)

Die alten Fassungsschichten und Korrosionsprodukte an der Kupferhaut wurden mit Edelkorund sorgfältig abgestrahlt. Unmittelbar danach wurde eine erste Beschichtung (Grundierung) aufgetragen, um ein Anlaufen/Korrodieren des jetzt blanken Kupfers zu unterbinden.

Reinigung und Konservierung der Kupferhaut (innen)

Die Kupferhaut wurde partiell fein gestrahlt, um Verschmutzungen und Korrosionsprodukte zu entfernen. Ein konservatorischer Überzug wurde nur im Bereich von Kontaktflächen zu Edelstahl partiell aufgebracht.

Einpassen der neuen Innenkonstruktion

Die einzelnen Kupferbauteile der Figur wurden um die vorgefertigten Teile der Innenkonstruktion montiert. Die inneren Aussteifungsringe wurden anschließend eingebaut und am Kupferblech und am Edelstahlträger verschraubt. Kupferblechteile wurden wieder miteinander vernietet.

Um einen direkten Kontakt der verschiedenen Metalle zu verhindern, wurde vorgrundiert und zwischen die neuen Aussteifungsringe und die Kupferhaut ein Karbonfaserkitt eingearbeitet. Dieses Material beeinträchtigt nicht die Bewegung beider Metalle bei Temperaturschwankungen und fungiert als Ausgleichsmasse für die Fugen zwischen den Aussteifungsringen und der Kupferhaut.

Neue Beschichtung der Außenhaut

Bei der konservierenden Neufassung / Vergoldung wurde nach fachlicher Beratung durch Prof. Freitag, Lehrstuhl für Metallkonservierung FH Potsdam, ein modernes, mehrschichtiges Beschichtungssystem eingesetzt.

Ausführung der Vergoldung mit $23^3/_4$ Karat Blattgold, 80 gr./1000 Blatt.

0.	feingestrahlte Kupferoberfläche
1.	Beschichtung 2K- EP Multihaftgrund weiß
2.	Beschichtung 2K- EP Multihaftgrund grau
3.	Beschichtung 2K- PUR Grundfarbe
4.	Beschichtung 2K- PUR Grundfarbe
5.	Beschichtung 2K- PUR Decklack
6.	Blattgold 23 ¾ Karat extrastark auf Anlegeöl Lefranc Mixtion

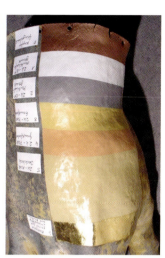

An der Restaurierung waren folgende Mitarbeiter unserer Werkstätten beteiligt:

Dr. Georg Haber, Geschäftsführer
Maximilian Heimler M.A., Projektleiter
Dipl.-Ing. Jana Drost, Projektassistenz

Metallrestaurierung:
Peter Trappen, Leitender Metallrestaurator
Henrik Schneider, Metallrestaurator
Oliver Behr, Metallrestaurator
Norbert Leukert, Metallrestaurator
Steffen Schmidt, Auszubildender

Neufassung / Vergoldung:
Thomas Baldauf, Vergoldermeister; Konzeption und Organisation
Harald Pfister, Konservierung und moderne Beschichtung
Regina Lichtmaneker M.A., Vergoldung
Jessica Ulrich, Vergoldung
Marianne Landvoigt, Praktikantin

Dokumentation:
Dipl.-Rest. Magdalena Baur

Fotos zur Restaurierung:

Die Oberfläche des Rathausmannes ist sehr stark verwittert und abgenutzt. Nur wenige Stellen besitzen noch eine Goldbeschichtung. Vielmehr tritt die gelbe Grundierung, aber auch die grünen Kupferkorrosionsprodukte in den Vordergrund.

Am unteren Rand sind die nach innen gebogenen und mit Rissen versehenen Nietlöcher erkennbar (s. Abb. unten).

Ein Detailbild der Kupferhaut zeigt ein Loch, an dem im Innern ein Aussteifungsring der Stützkonstruktion befestigt war.

Auftretende Spannungen von innen, durch den Korrosionsprozess des Stahls und die damit einhergehende Ausdehnung des Materials, ließen solch sichtbare Risse in der Kupferhaut entstehen, aber auch Haarrisse, die man mit bloßem Auge nicht sieht, die aber trotzdem das Materialgefüge schwächen.

Im Inneren des Rathausmannes tritt das stark korrodierte Innengerüst aus Eisen in den Vordergrund. Durch die starke Materialausdehnung des Eisens während des Korrosionsprozesses kommt es zu den Beschädigungen und Rissen an den Nietlöchern (s. Abb. S. 56).
Auch erkennbar ist die verschmutzte und korrodierte Kupferoberfläche im Innenbereich.

Im Inneren des Rathausmannes ist das stark korrodierte Innengerüst aus Eisen erkennbar.
Ebenso zu sehen ist die verschmutzte und grün korrodierte Kupferoberfläche. Neben den grünen Kupferkorrosionsprodukten sind auch Laufspuren von roter Eisenkorrosion auf dem Kupfer vorzufinden.

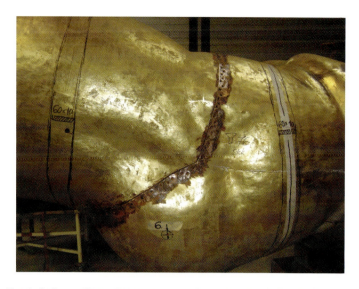

Es sind die geöffnete Stoßstelle am linken Oberschenkel und die große Anzahl entfernter Nieten erkennbar.

Hier ist eine Hälfte des rechten Fußes zu sehen. Auch an diesem Teil des Rathausmannes wurde eine neue Zarge hart angelötet.
Dieser Vorgang wurde an mehreren Stellen über den Körper verteilt vorgenommen, um die einzelnen Blechelemente wieder besser aneinander befestigen und vernieten zu können.

Dieses Bild zeigt die geschlossenen Inspektionslöcher am rechten Unterschenkel des Rathausmannes. Die Löcher wurden mit einem vorgeformtem Kupferblech von innen ausgelegt und dieses Blech dann auf die Kupferhaut hart verlötet. Durch das lochgerechte Vorformen wird das Loch auf gleichem Niveau zur Kupferhautoberfläche geschlossen.

Die 19 über den gesamten Körper verteilten Einschusslöcher wurden ähnlich behandelt. Diese wurden aber zugeschweißt oder hart verlötet und anschließend auf das Niveau der Kupferoberfläche angeglichen.

Die auf dem Rücken des Rathausmannes eingearbeitete Revisionsklappe ist mit Schrauben an eingearbeiteten Zargen befestigt. Gedient hat sie der Befestigung auf dem Rücktransport nach Dresden. Sie wird aber auch für spätere Kontrollen der Innenkonstruktion weiterhin notwenig sein.

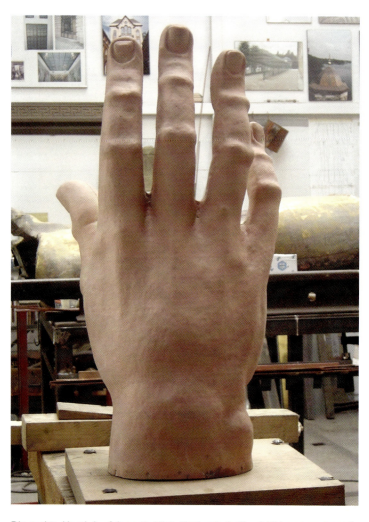

Die rechte Hand, im feingestrahlten Zustand, durfte nicht lange so verweilen, da ein schnell auftretender Kupferkorrosionsprozess verhindert werden musste. Es wurde der erste Auftrag der Grundierung aufgebracht. Im Hintergrund liegt ein noch unbehandeltes Teil.

Bemerkungen der Autoren zum Restaurierungsprojekt

Einige Informationen zum Restaurierungsprojekt sind noch notwendig. Ehrgeiziges und immer wieder publiziertes Ziel war es, den restaurierten Rathausmann am 1. Juli 2006 auf den Turm zu heben. Man war es den Dresdnern schuldig, dass ihr Schutzpatron pünktlich zum Stadtfest im Jubiläumsjahr der Landeshauptstadt vom Rathausturm grüßt.

Mit der Feststellung im Januar, dass der Rathausmann ein komplett neues Stützgerüst benötigt, geriet der ohnehin extrem straffe Zeitplan ins Wanken. Dort erwies sich die Digitalisierung der

Oberfläche durch die Technische Universität Dresden als glückliche Fügung. Aufgrund des bizarren und keinerlei geometrischen Regeln folgenden Stützgerüstes war eine Rekonstruktion äußerst schwierig. Statiker Volker Stoll und Dr. Christine Schöne von der TU Dresden setzten sich zusammen und optimierten am Computer nach der fotogrammetrischen Vermessung des alten Stützgerüstes ein neues Edelstahlstützgerüst, welches dem alten in jeder Hinsicht überlegen war, ohne dass man den denkmalpflegerischen Respekt vor den alten Meistern unberücksichtigt ließ. Man war sich aber sicher, dass der Rathausmann mit dem neuen Skelett mindestens weitere hundert Jahre seinen Platz auf dem Rathausturm behaupten konnte.

Das Edelstahlgerüst war nun entworfen, von Konstrukteur Helge Müller in Produktionspläne umgesetzt und durch die erfahrenen Techniker der Firma Modersohn in Spenge auch perfekt realisiert. Trotzdem war es für Metallrestaurator Peter Trappen eine neue Erfahrung und mit einigen Anstrengungen verbunden, die Haut des Rathausmannes über dessen Skelett „zu ziehen". Edelstahl ist störrisch, das musste der erfahrene Kupferspezialist ein ums andere Mal feststellen.

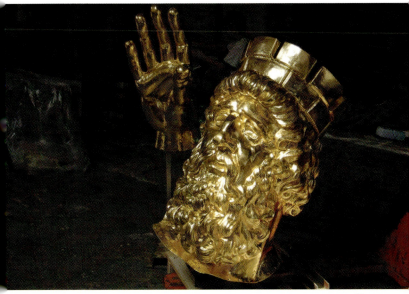

Um den selbst gesetzten Termin 1. Juli einzuhalten, wurde nun auch an Sonn- und Feiertagen in der Firma Haber & Brandner gearbeitet und selbst Urlaub der mit der Restaurierung beschäftigten Fachleute war tabu. Mit stoischer Ruhe und mit dem Selbstvertrauen, gewachsen in Jahrzehnten fachlicher Herausforderungen, wurden die Termine der Fertigstellung 25. Juni 2006 und des Abtransportes einen Tag später gehalten.

Die Rückkehr des Goldenen Rathausmannes

Es war von Anfang an Ziel der Projektbeteiligten, den Dresdnern und ihren Gästen zur 800-Jahr-Feier der Stadt den Rathausmann frisch vergoldet am Boden zu präsentieren, bevor er seine „Himmelfahrt" auf den Rathausturm antritt. Technologisch und logistisch war das für alle eine große Herausforderung. Es musste ein Podest konstruiert werden, das im Prinzip die Standverhältnisse der Figur auf der Turmkuppel kopierte. Schließlich hatte der Rathausmann mit seinem Standfuß die stattliche Höhe von mehr als acht Metern. Diese Ingenieurleistung übernahm Günther Steimann mit den Mitarbeitern seiner Firma. Er kannte die Verhältnisse auf dem Turm und unter der Haube bestens. Natürlich durfte das Podest auch nicht wie eine Arbeitsplatte aussehen, sondern sollte sich würdig der Umgebung mit Goldener Pforte und dem Denkmal der Trümmerfrau angleichen.

Das Podest ist vorbereitet

Der gesamte Bereich musste darüber hinaus auch in der abendlichen Dunkelheit in das rechte Licht gesetzt werden. Dafür sorgten die Techniker des Liegenschaftsamtes. Nicht zuletzt war es notwendig, die kostbare Figur Tag und Nacht zu bewachen. Der Rathausmann sollte am ersten Tag noch liegend und dann vier Tage stehend allen Dresdnern und Gästen Gelegenheit zur Bewunderung aber auch vor seiner Turmmontage zum Abschiednehmen geben.

Am Montag, dem 26.Juni begann der Arbeitstag in der Firma Haber & Brandner in Berlin sehr zeitig. Bereits um 5.30 Uhr begann man, den schon auf dem Transportgestell montierten Rathausmann aus der Halle zu bugsieren. Höchste Konzentration war notwendig, um der frisch vergoldeten Hülle keinen Schaden zuzufügen. Etwa um 6.30 Uhr war der Goldene Rathausmann im geschlossenen LKW verstaut. Wie bei seiner Fahrt zur Restaurierung nach Berlin waren Kopf und Arm nicht montiert, sondern wurden im Wagen des Leitenden Restaurators Peter Trappen separat transportiert. Bereits etwa gegen 10 Uhr kam der Transport in Dresden an. Viele Schaulustige wollten ihrem Rathausmann einen würdigen Empfang bereiten.

Ankunft

Ablage neben dem Podest

Nachdem der Rathausmann auf seinem Transportgestell neben dem Podest abgelegt wurde, begann das feierliche Füllen der Kupferschatulle und deren Deponieren im Rücken der Figur. Der Erste Bürgermeister und amtierende Oberbürgermeister Dr. Lutz Vogel füllte gemeinsam mit dem Intendanten des Stadtjubiläums 2006, Dr. Werner Barlmeyer und dem Leiter des Stadtarchivs Dresden, Thomas Kübler, die Kupferschatulle mit zeitgeschichtlichen Dokumenten, Konstruktions- und Restaurierungsunterlagen, Münzen und natürlich mit Kopien der alten Dokumente aus der Entstehungszeit des Rathausmannes. Mit „an Bord" war auch folgender Brief der Firma Baureparaturen mit Alpintechnik, datiert auf den 1. Juli:

„Lieber Herkules,

heute werden wir Dich nach der Reparatur wieder auf dem Rathausturm an Deinem angestammten Platz in luftiger Höhe montieren.
Wir wünschen Dir und Deiner 800-jährigen Heimatstadt eine glückliche und friedliche Zukunft.
Mögen sich künftige Generationen an Dir und damit auch ein bisschen an unserer Arbeit zu Deiner Instandsetzung erfreuen.
Hiermit möchten wir uns auch bei allen beteiligten Firmen und Mitarbeitern für die sehr angenehme Zusammenarbeit bedanken.
Die Arbeiten waren für uns und alle unsere Kollegen eine große und interessante Herausforderung.
Dies ist erwachsen aus den maßgeblichen Untersuchungen zu Deiner Standsicherheit im Jahr 2004. Damals führten wir 3 Besteigungen mit den entsprechenden Prüfungen durch. Die statische Berechnung ergab die Notwendigkeit Deiner Demontage, die dann auch von uns in Zusammenarbeit mit Kranlogistik Sachsen am 20.08.2004 realisiert wurde.
Wir sind stolz, Dich heute wieder nach oben zu bringen.
Es haben von uns mitgearbeitet:

Dipl.-Ing. Günther Steimann   *Dipl.-Ing. Uwe Steimann*
Jörg Baldauf (Dachdecker)   *Wolfgang Marschat (Schlosser)*
André Schuchardt (Schlosser)   *Pierre Rämisch (Dachdecker)*
Ronny Volkmer (Maler)"

Erster Bürgermeister Dr. Lutz Vogel (links), Stadtarchivleiter Thomas Kübler (Mitte) und der Intendant des Stadtjubiläums 2006, Dr. Werner Barlmeyer mit der Kupferschatulle

Die Restauratoren Peter Trappen (links) und Maximilian Heimler verlöten die Schatulle

Feierliche Präsentation des Kopfes
Von links nach rechts: Dr. Vogel , Dr. Barlmeyer, Peter Trappen

Am Dienstag, dem 27. Juni wurde der Goldene Rathausmann in seine senkrechte Position gehoben. Damit dies ohne Probleme möglich war, machten sich die Spezialisten lange vor dem Zusammenbau des Rathausmannes und noch vor seiner Vergoldung Gedanken um eine komplizierte technische Lösung: Beim Herunterheben des Rathausmannes vom Turm brauchte man keine Rücksicht auf seine Oberfläche nehmen. Es musste lediglich gewährleistet sein, dass die Blechhülle nicht so belastet wird, dass sie sich beim Herabheben deformiert. Nach der Restaurierung gab es natürlich ganz andere Bedingungen. Die frisch vergoldete Oberfläche musste beim Transport der Figur und auch bei ihrer Turmmontage berührungsfrei bleiben, um die Blattvergoldung nicht zu beschädigen. Der erste Gedanke war, den Rathausmann auf einem Podest nach oben zu bringen. Das war vom Schwerpunkt her nahezu unlösbar. Der Rathausmann hätte wieder im Brustbereich fixiert werden müssen, was natürlich nur unter Belastung der Kupferhaut möglich gewesen wäre. Deshalb entwickelte Peter Trappen in Zusammenarbeit mit dem Statiker und der Stahlbaufirma Modersohn folgende Idee. Bei seiner Herstellung wurde der Kopf des Rathausmannes mit einem Gewindebolzen und einer Mutter auf den Körper aufgeschraubt und dann vernietet. Dieser Gewindebolzen war mit dem Hauptträger des Stützgerüstes verschraubt. Die Fachleute veränderten den Hauptträger nun so, dass er oberhalb des Kopfes in einem Schwert mit einer Bohrung endete. Restaurator Peter Trappen formte aus Kupfer eine Hülle, die innerhalb der Mauerkrone mit der „Kopfhaut" fest verbunden wurde und das

Schwert mit seiner Bohrung wasserdicht umschloss. Dadurch war die gesamte Lastaufnahme der 1.750 kg schweren Figur über diese Öse möglich, ohne auch nur die sensible vergoldete Hülle zu berühren. Diese Lösung war hervorragend geeignet, sowohl die Figur aus ihrer Transportposition in die Senkrechte zu bringen, als auch das Emporheben sehr zu vereinfachen und sicher zu machen. Hinzu kam die Lösung eines weiteren Problems. Die Öse diente nach Abschluss der Transportfunktion als Basis für den Blitzableiter. Nach der Revisionsklappe im Rücken der Figur war das Schwert die zweite technologische Veränderung, welche sehr sensibel - in Abstimmung mit Frau Annegret Michel vom Denkmalschutz - die notwendigen technischen Möglichkeiten schuf, ohne die Figur optisch zu verändern. Auch hier bewiesen die Fachleute einmal mehr ihre Kompetenz und Meisterschaft.

Schwert und Rückenklappe

Mit der Montage des Kopfes und des rechten Armes war nun der Goldene Rathausmann in voller Pracht zu bewundern und wurde zum Ziel tausender Foto- und Videokameras. Selbst ganze Kindergartengruppen pilgerten vor die Goldene Pforte, um den Rathausmann aus nächster Nähe zu sehen. Als dann der Projektleiter Maximilian Heimler den Kindern auch noch eine Blattgoldprobe auf die Hand tupfte, war das Glück der Kleinen vollkommen. Probleme hatten danach wahrscheinlich nur die Eltern, wenn es bei den Kindern ans Händewaschen ging.

Maximilian Heimler mit dem Gold des Rathausmannes

Kinder messen die Länge des Rathausmannes

Aufstellung beendet

Nach vollendeter Arbeit: die Restauratoren Hendrik Schneider (links)
und Peter Trappen

Der Turmhub

Wie bereits vor zwei Jahren wurde zeitig am Morgen des 1. Juli
der Kran montiert. Die Absperrungen für den Schutz der zahllosen
Gäste wurden positioniert, die Bühne für die Blue Wonder Jazzband wurde geschmückt und die Stände für das leibliche Wohl der
Gäste aufgestellt. Inzwischen waren am Boden und unter der
Turmhaube die Fachleute um Günther Steimann dabei, alle technischen Vorbereitungen für den Hub und die Montage zu treffen. Es
herrschte Hochspannung unter allen Beteiligten. Dabei war wieder,
wie auch in den entscheidenden Phasen der letzten zwei Jahre, das
Journalistenteam Bettina Wobst und Stefan Urlaß, um auch die
letzten und entscheidenden Sequenzen für ihren Film „Goldene
Hände" zu produzieren.

Bettina Wobst und Stefan Urlaß

Etwa gegen 13 Uhr war es soweit: Der Kran zog an und unter den Klängen „Glory glory hallelujah …" der Blue Wonder Jazzband hob der goldene Riese vom Boden ab.

Die Blue Wonder Jazzband

Auf dem Turm wurde der Rathausmann von Günther und Uwe Steimann sowie Uwe Schmidt erwartet. Ebenfalls oben befanden sich Kamerafrau Bettina Wobst und Volker Gawol.

Der erste Turmhub

Es waren von vornherein zwei Turmhübe vorgesehen. Technologisch notwendig waren das Einmessen der Figur auf der neuen Bodenplatte und das Abmessen der neuen Verstrebungen; das anschließende Bohren der Bodenplatte im Turm und das Zuschneiden der Verstrebungen am Boden. Viele Dresdner dachten, es gäbe Probleme und befürchteten schon, dass der Rathausmann nicht pünktlich montiert werden könne, obwohl vorher in der Presse kommuniziert wurde, dass zwei Turmhübe erforderlich seien.

An dieser Stelle wollen wir auch ein Gerücht endgültig beseitigen: Es hielt sich wochenlang nach der Montage des Goldenen Rathausmannes die Meinung, der Rathausmann würde jetzt mit seinem ausgestreckten rechten Arm in eine andere Richtung zeigen, als vor seiner Bergung im Jahr 2004. Das Stützgerüst wurde zwar am Computer optimiert, dabei aber in seiner ursprünglichen Form und auch in seinem Bezug zur Befestigung im Turm nicht verändert. Hinzu kommt, dass die Halbkugel, auf der der Rathausmann wie vor seiner Restaurierung steht, eine achteckige Kante hat, die mit dem ebenfalls achteckigen Turmhaubenabschluss korrespondiert. Wenn man also den Rathausmann falsch montiert hätte, so wäre dies nur um mindestens eine Achteldrehung möglich gewesen. In diesem Fall hätte der Rathausmann mit seinem rechten Arm also entweder zur Elbe und in Richtung Pirnaische Vorstadt oder in Richtung Rudolf-Harbig-Stadion gezeigt. Der Grund, dass dieser subjektive Eindruck entstand, liegt wohl in der Tatsache begründet, dass der Rathausmann vor seiner Restaurierung aufgrund der matten Oberfläche ganz anders wahrgenommen wurde, als mit der reflektierenden Goldschicht nach seiner Restaurierung.

Die Montage verlief reibungslos. Gegen 17 Uhr waren die Techniker um Günther Steimann mit der Montage fertig und der Rathausmann durfte jetzt jedem Sturm trotzen. Volker Gawol, der inzwischen wieder vom Turm abgestiegen war, fuhr nun in einem Revisionskorb am Kranhaken hoch zur Turmhaube. Zum Einen sollte er die Techniker Günther und Uwe Steimann vom Turm holen und zum Anderen war dies die einzige Gelegenheit, den Rathausmann „auf Augenhöhe" und in seiner neuen Pracht vor der Kulisse der Stadt zu fotografieren. Das war eine einmalige Gelegenheit, denn so schnell würde nicht gleich wieder ein Kran mit diesen Ausmaßen am Rathaus stehen. Gleichzeitig konnte jetzt nach der Entfernung der Gurte aus der Lastöse der Blitzableiter montiert werden.

Montage des Blitzableiters

Nachdem dies geschehen war, schwenkte der Kran von der Figur weg und gab den drei Männern im Korb unvergessene Sichten auf den Goldenen Rathausmann. Der Höhepunkt war folgendes: Als der Korb mit den Männern so positioniert war, dass diese hinter dem Rathausmann die Frauenkirche sahen, fingen tatsächlich die Glocken der Frauenkirche an zu läuten. Den Moment werden Günther und Uwe Steimann und Volker Gawol nie vergessen.

Epilog

Liebe Leserinnen und Leser,
liebe Freunde und Kollegen,

Wesentliches Ziel dieser Veröffentlichung war es, die beiden wichtigen Jahre für den Rathausmann, aber auch für alle, die mit ihm zu tun hatten, in Erinnerung zu halten und all denen, die sich mit ihrem Schutzpatron verbunden fühlen, ein kleines Nachschlagewerk in Sachen Restaurierung einer kupfergetriebenen Großfigur in die Hand zu geben. Dabei war es unser Anliegen, nicht zu sehr in das Fachliche abzugleiten, sondern auch einige Geschichten am Rande darzustellen, die sonst vielleicht in Vergessenheit geraten könnten.

Die Autoren waren sich ebenso wie alle beteiligten Fachleute, Journalisten und Mitarbeiter der Landeshauptstadt Dresden der Besonderheit und der Einmaligkeit dieser Aufgabe bewusst. Nicht zuletzt deshalb konnte das Vorhaben in sehr kurzer Zeit, wenn man die eigentliche Restaurierungsarbeit betrachtet, und in dieser Qualität realisiert werden.

Wir haben den Epilog bewusst auch an Freunde und Kollegen gerichtet, weil tatsächlich in den zwei Jahren Arbeit mit dem Rathausmann Freundschaften gewachsen sind. Das ist der Tatsache geschuldet, dass die Beteiligten das Projekt nicht nur als Fachaufgabe betrachtet haben, sondern auch als Herzenssache.

Deshalb möchten sich die Autoren bei allen am Restaurierungsprojekt Beteiligten herzlich für ihr Engagement bedanken. Eine Aufzählung von Namen würde sicher dazu führen, einige zu vergessen, was niemand verdient hat.

Was die Entstehung dieser Publikation anbelangt, möchten wir uns zumindest namentlich bei einigen bedanken.

Unser Dank gilt dabei Dr. Thorsten Tonndorf, der sozusagen den Stein ins Rollen gebracht hat und Kai Berbig, der große Unterstützung bei der Arbeit am Computer leistete sowie nicht zuletzt den Mitarbeiterinnen des Archivs der Landeshauptstadt Dresden. Danken möchten wir auch der Qualifizierungs- und Arbeitsförderungsgesellschaft Dresden mbH mit ihrem damaligen Geschäftsführer Reinhard Lange-Köppel und seinem Fachanleiter und Betreiber des Rathausturmes, Gerolf Gellrich. Herzlichen Dank nicht zuletzt auch an Dr. Werner Barlmeyer, der die Leser mit seinem Grußwort auf dieses Buch eingestimmt hat. Herzlichen Dank auch an den Direktor der Städtischen Sammlungen Freital, Rolf Günther, der uns unkompliziert die Möglichkeit eingeräumt hat, das schöne Portrait von Ewald Redam abzudrucken, welches sich im

Original im Museum Freital-Burgk im Bestand der Stiftung Friedrich Pappermann befindet.

Wir hoffen, dass Sie, liebe Leserinnen und Leser Gefallen an diesem Buch gefunden haben. Sollte die Resonanz positiv sein, gibt es im Jahr 2010, zum 100. Geburtstag des Neuen Rathauses, Gelegenheit zu einer neuen und möglicherweise inhaltsreicheren Auflage.
Der historische Zeitraum lässt noch viele Fragen offen, die auch durch Ihre Unterstützung gelöst werden können. So sind wir dankbar für weitere Details und Fotos zur Herstellung des Goldenen Rathausmannes und zu dessen Montage im Jahr 1908 auf der Turmspitze.

Volker Gawol   Peter Trappen

Die Autoren

Volker Gawol

geb. am 30.12.1949
in Heidenau / Sachsen
BMSR-Mechaniker
Ingenieur für Auto-
matisierungstechnik
Abteilungsleiter im
Liegenschaftsamt der
Landeshauptstadt Dresden

Peter Trappen

geb. am 07.09.1947
in Berlin-Mitte
Baumaschinist
Schlosser und Kupferschmied
(seit 1970 in Fa. Achim Kühn)
Kupferschmied, Restaurator
und Werkstattleiter (seit 1994
bei Fa. Haber & Brandner)

Bildverzeichnis

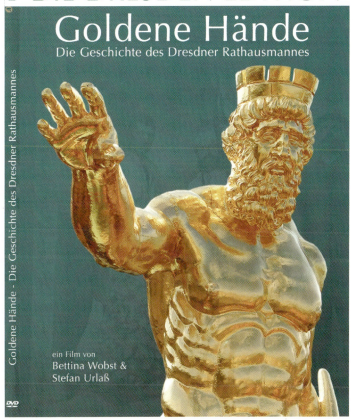

DDE

DIE DRESDEN EDITION

Goldene Hände
Die Geschichte des Dresdner Rathausmannes

Goldene Hände - Die Geschichte des Dresdner Rathausmannes

ein Film von
Bettina Wobst &
Stefan Urlaß

DVD

Die Produzenten schreiben: „Der Film „Goldene Hände" ist eine Hommage an die Handwerker, die Geschichte berührbar machen."

Die DVD ist im Dresdner Buchhandel, im Stadtmuseum Dresden im Internet unter www.primeranet.de und selbstverständlich auf dem Rathausturm zu erwerben.

Auf der DVD befindet sich auch eine Bildergalerie der „geheimen Schätze" des Goldenen Rathausmannes: der komplette Inhalt der gefundenen Schatullen.